VALABLE POUR TOUT OU PARTIE DU DOCUMENT REPRODUIT

Illisibilité partielle

Couvertures supérieure et Inférieure manquantes

UN DÉJEUNER
Sur la Hottée du Diable.

UN DÉJEUNER
Sur la Hottée du Diable.

FÈRE-EN-TARDENOIS.

Un beau jour de mai, le soleil radieux dardait ses rayons sur la plaine et dorait la cime chevelue des arbres; une brise douce se jouant à travers ces rayons, comme un enfant à travers les jambes de son père, rafraîchissait l'air, et semblait égayer la nature; les feuilles ébranlées, riaient en se choquant; les acacias aux fleurs blanches, les lilas à grappes violacées, les roses, tendres comme un soupir, blanches comme une goutte de lait, ou pourpres comme des lèvres de jeune fille, répandaient partout leurs plus suaves parfums.

Un temps si splendide, et par lequel il est si bon de vivre, invite à quitter la chambre bien close, et le fauteuil bien doux, pour aller se rouler sur l'herbe fine et contempler la voute azurée du firmament.

Arrière donc, livres et journaux! au loin, études et sciences! reposez-vous plumes et pinceaux! taisez-vous, chants et musiques! au diable, soucis et tracas! disparaissez, intérêts mondains! orgueil et vanité, restez muets!

La nature s'est parée aujourd'hui sous sa plus souriante richesse; son costume est éblouissant de splendeurs, étincelant de mervoiles, éclatant de trésors ; elle s'est faite ainsi, belle, noble, grandiose, admirable, rayonnante pour nous recevoir, pour nous fêter, pour nous réjouir.

Réjouissons-nous donc ! admirons-la et fêtons-la ; oublions tout pour elle et consacrons-lui, ne serait-ce qu'un seul jour.

Nous fermons la porte et, accompagnés de nos chers voisins, nous emportons la folle du logis, (cette terrible imagination qui bat toujours la campagne, et qui a autant de caprice qu'une enfant gâtée qu'elle est) et avec elle un morceau de saucisson et de pain.

Et nous voilà partis, joyeux, gais, contents, sautant, riant, bavardant.

C'était plaisir de nous voir passer : on aurait cru entendre une volée de pinsons s'échappant d'une volière ou une troupe de collégiens s'en allant en vacances.

Nous étions quatre, mais nous différions des quatre fils Aymons, en ce que nous n'allions pas à la file, n'étions pas frères et n'avions pas de cheval.

Nous marchions deux à deux,
« Comme s'en vont les vers classiques et les bœufs. »

La conversation ne tarissait pas ; c'était un roulement continuel, un feu d'artifice incessant qui eut pu faire envie à plus d'un vaudevilliste souvent aux abois.

Quelle animation, quel entrain, quelle verve !

Le parfum des fleurs, le ciel bleu, le vol des oiseaux, le crépitement du feuillage, le calme de la plaine, le bruit lointain et confus de la ville, le murmure de l'Ourcq coulant lentement entre ses rives étroites, tout cela, et bien d'autres choses encore nous inspiraient.

Nous causions de...... (lecteur, mon ami, tu es trop curieux et vous, charmante lectrice, trop curieuse, je ne vous dirai pas le sujet de notre conversation : elle était bien intéressante, je vous assure).

Mais ce que je puis vous dire et ce que je ne vous ai pas dit, c'est que nous partîmes de la petite ville de Fère-en-Tardenois à 9 heures du matin et qu'à près de onze heures, nous arrivions au pied du petit mamelon, élevé comme une pyramide d'Egypte, et tout couvert, au sommet et sur ses flancs d'énormes grès.

— Arrêtons-nous ici, proposa Victor.

— Arrêtons-nous ici, répétâmes-nous en chœur, sur l'air du roi Dagobert.

Nous avions devant nous le bois de bruyères, quelques arbres poussant à peine dans les landes, au milieu desquelles serpente la route de Coincy.

A droite, se détache, dans le sable mouvant, un petit sentier qui va droit au monticule, autour duquel il forme l'hélice, et qui mène au sommet.

Nous prenons ce sentier, et suant et soufflant, nous arrivons enfin au haut du pic.

C'est vraiment quelque chose d'imposant que ce site.

Le sol est sablonneux, aride, aucune végétation n'y croît; aucune verdure n'y apparaît; à peine, çà et là, dans les fentes des rochers, surgissent quelques arbres rabougris, aux racines découvertes; deux sapins chétifs et malingres, au feuillage jauni et grillé par le soleil; puis tout autour et au couronnement, sont semés avec profusion, des grès aux dimensions colossales, aux formes capricieuses, les uns debout comme des menhirs, les autres couchés gisant à terre, comme un débris d'une immense construction; ceux-ci à demi ensevelis dans le sable, comme dans un linceul, ceux-là brisés, déchirés, égratignés par la griffe du temps, jonchent le sol de leurs fragmens épars.

Certes, ce n'est pas là, la beauté des champs fertiles, semblables à des tapis de verdure, ni des forêts vierges d'Amérique à la plantureuse végétation; — non, c'est la solitude et le désert; un coin du Sahara, un échantillon réduit des steppes russes.

Un site sauvage et inculte, brûlé par le soleil et habité seulement par les lapins qui trouvent sous les rochers un abri sûr.

Ce serait un merveilleux tableau à faire que de traduire sur la toile, au premier plan, le sable blanc, rarement caché par de minces touffes de bruyères desséchées, — plus loin, s'élevant la montagne paillettée et moutonnée de pierres au dos arrondi, — puis enfin les masses granitiques du sommet, se détachant grises et noirâtres sur les teintes d'un soleil couchant, et, pour emplir les côtés du tableau, quelques arbres au tronc noueux, aux branches tortueuses, à moitié nues ou couvertes de rares feuilles noires ou jaunes, dressant dans le ciel bleu clair, leurs bras sombres de squelettes.

Salvator Rosa, ce Corneille de la peinture, ce poète de la nature morte, en eût fait un chef-d'œuvre, car cet endroit est réellement beau mais d'une beauté particulière, *sui generis*, — beau de rudesse et de pittoresque ; beau par son aspect rustique, abrupte, solitaire, désordonné ; beau par sa sublime horreur, par la terreur que sa ténébreuse légende inspire aux gens superstitieux des alentours.

Cet endroit si particulièrement remarquable se nomme la *Hottée du Diable*.

Les roches elles-mêmes ont chacune un nom particulier. Les plus importants sont : le *Gargantua*, la plus grande de toutes, qui dresse sa tête orgueilleuse et dénudée au-dessus de ses infimes sujets ; — la *Chambre des Fées*, cavité intérieure d'une autre roche où les jeunes filles au corsage svelte vont admirer la cheminée et la piocette dont se servait Urgèle ou Odine ; — le *Géant* ou *Gehein*, comme on dit dans le pays, etc.

En face, nous admirons encore un pan de murailles en ruines, appelée le Géant de Monpreux.

Mais la faim se faisant sentir, on étendit ses mouchoirs sur le sable, à l'ombre d'un gré dont l'intérieur offrait une cavité qui servit de table.

Chacun prit place autour de cette table formée par la nature, on ouvrit les paniers, on étala les saucissons, on coupa les pains, on déboucha l'unique bouteille — et, tout en bavardant, on mangea.

Il est bon de manger, lorsqu'on a faim et qu'il fait chaud; lorsqu'on cause et qu'on aime; lorsqu'on a pour témoin le dessert et pour compagnon la mélodie multisonore de la nature.

— Maintenant, dit Octavia, de sa voix gracieuse, maintenant, en guise de désert, l'ami Victor va nous régaler d'une légende.

— C'est cela! une légende! cria-t-on par acclamation.

— Quelle légende voulez-vous?

— La légende de la Hottée du Diable, fit la blonde Antoinette à la bouche rieuse.

— Oh! oh!

— Faut-il vous en prier, bel orateur, insista la fraîche jeune femme?

— Si vous me priez, vous, si charmante que l'on vous adorerait; si belle que Raphael en eut fait sa Madone, Praxitèle sa Vénus; si spirituelle, que Pétrarque eut délaissé Laure, pour faire de vous sa muse inspiratrice; si vous m'en priez donc, comment voulez-vous que je vous refuse, ô vous, dont l'Inde eut fait une péri, Mahomet une houri, Rome une divinité, les apôtres un ange.

) — Eh bien ! répondit en montrant deux magnifiques rangées de perles nacrées entre un cadre d'un incarnat rosé, eh bien ! votre péri, votre ange, votre divinité vous ordonne d'accéder au désir de l'aimable compagnie. Allons, mon Homère, chantez, votre muse vous assiste !

Victor se lève alors, et, étendant la main, commence ainsi :

— Muse, aux doigts de rose, au visage radieux, à la taille d'abeille, au pied de Chinoise, que ton éclatante beauté inspire l'Homère improvisé ; que ta douceur accorde indulgence à la pauvreté d'imagination......

— Assez, assez ! faites grâce de l'invocation.

— Tant mieux, je commençais à être fort embarrassé. Voici :

« Il était une fois... (cela commence comme un conte de fées, et c'est étonnant, car c'en est un) il était une fois, non loin d'ici, un abbé d'une célèbre abbaye, l'abbé de Val-Chrétien qui, se trouvait trop à l'étroit dans des bâtiments incommodes, et désirait bien faire reconstruire, élégamment son abbaye, mais surtout l'église.

» Malheureusement, les constructions coûtaient chers, l'abbé n'était pas riche, et les seigneurs voisins n'étaient pas généreux.

» De sorte que le pauvre abbé était dans la plus grande perplexité, il se creusait vainement le cerveau pour trouver un moyen d'arriver à son but.

» Désespérant de le trouver, il n'en dormait plus, si bien qu'un beau jour, à force de veiller, il tomba malade et fut obligé de se mettre au lit.

» Une nuit, que se sentant éteindre, l'abbé pensait encore à son église.

» — Ah! j'offrirais bien, disait-il, tout ce que je possède, je donnerais ma part de bonheur dans l'éternité, le salut de mon âme même, à qui me ferait construire mon église.

» Il n'avait pas plutôt prononcé ces paroles imprudentes, qu'une épaisse vapeur, répandant une odeur de soufre, emplit la chambre.

» En ce moment, l'horloge du monastère, s'il y en avait eu, aurait sonné minuit! Mais, comme le monastère était dépourvu de ce calculateur mécanique du temps, un simple sablier en faisait l'office; donc le sablier de l'abbé indiquait silencieusement l'heure nocturne des apparitions fantastiques et du crime.

» L'abbé, plein d'effroi, ferma les yeux.

» Aussitôt une voix vibrante comme le son du cuivre, s'écria impérieusement :

» Écoute! et regarde!

» L'abbé, qui avait caché sa tête sous ses couvertures, se mit à trembler de tous ses membres, pourtant il hasarda un œil, et timidement questionna :

» — Que voulez-vous? qui êtes-vous?

» — Qui je suis? celui que tu as appelé! ce que je veux? accomplir tes souhaits!

» L'abbé passa sa tête tonsurée hors des draps et ouvrit un second œil.

» Mais l'obscurité était complète ; il ne put voir autre chose qu'une ombre encore plus noire, ondulant près du lit et surmontée de deux flammes d'un rouge vif, qu'il prit pour ses yeux.

» — Lève-toi, commanda la voix retentissante.

» L'abbé, obéissant, sauta à bas du lit et chercha partout ses habits ; mais, ne les trouvant pas, tant le digne homme était troublé, il fut obligé de s'en passer et de recevoir le visiteur dans le costume nocturne et léger que la nuit permet.

» — Donnez-vous la peine de vous asseoir, dit l'abbé avec politesse, et veuillez excuser si je vous reçois ainsi.

» Un peu plus, l'abbé allait lui demander pardon de n'avoir pas mis ses gants.

» L'abbé ne savait trop quelle contenance tenir, ou, comme on dit sur quel pied danser ; mais la contenance seule l'embarrassait, quant à danser, c'est autre chose, le révérend Père n'en avait pas la moindre envie. Il se grattait l'oreille, preuve évidente d'une situation hérissée de difficulté.

» — Écoute-moi.

» — J'écoute.

» — Tu voudrais, disais-tu, trouver moyen de reconstruire ton monastère ?

» — Oui !

» — Et que donnerais-tu pour cela ?

» — Tout ce que je possède, l'argent du

monastère, les dîmes du menu peuple, les aumônes destinées aux pauvres.

» — Est-ce tout ?

» — Je peux encore te donner les prières des moines pour demander sur toi les bénédictions du ciel.

» — Je veux plus encore.

» — Quoi donc ?

» — Ton âme !

» L'abbé se remit à trembler, tellement que ses os sonnèrent dans ses chairs comme des noix dans un sac.

» Une idée lui vint, qui le remit un peu. Il se frotta les mains en signe de satisfaction avant de l'exprimer. (Il se permettait ce petit témoignage de contentement à cause de l'obscurité grande qui régnait dans son appartement).

» — Mais vous qui me demandez tout, êtes-vous sûr de pouvoir dignement venir à bout de cette vaste entreprise !

» — Oui.

» — Vous le pouvez ?

» — Je le peux !

» — Mais en combien de temps ? je ne voudrais pas qu'on y travaillât 50 ans, comme à Longpont, comme à Bourgfontaine, comme à Coincy.

» — Cela ne demandera pas 50 ans.

» — Mais encore combien ?

» — Une nuit.

» — Vous dites ?

» — Une nuit.

» L'abbé, étonné, répéta :
» — Une nuit ?
» — Une nuit ! affirma l'autre.
» L'abbé n'en revenait pas.
» Un frisson d'horreur parcourait ses membres ; ses dents claquaient, ses cheveux se dressaient sur sa tête, la sueur ruisselait sur son front.
» — Mais qui êtes vous donc, vous qui avez tant de pouvoir et qui me demandez mon âme ? vous êtes le diable !
» L'abbé avait deviné juste, aussi était-il terrifié.
» Aujourd'hui, une semblable visite au milieu de la nuit paraîtrait tout au moins étrange, même aux disciples du spiritisme, mais à cette époque cela ne paraissait pas étrange du tout. Ces petites causeries avec le Diable étaient assez communes et n'étonnaient personne.
» — Est-ce convenu, demanda Satan ?
» L'abbé était dans un embarras extrême : il aurait bien voulu faire construire son église et son monastère, mais il n'aurait pas voulu payer cela du salut de son âme. Le prix lui paraissait trop cher. Il marchanda.
» — Non ! impossible, dit-il, pensez donc, mon salut éternel.
» — Oui, dit l'autre d'un rire métallique, mais l'abbaye terminée en une nuit, ce n'est donc rien ?
» — Si, certainement, mais mon âme, c'est aussi quelque chose.

» — Ce sera la plus belle abbaye des environs, la plus merveilleuse église qui se puisse voir.

» L'abbé se sentait ébranlé ; il soupira :

» — Mon âme !

» — Chaque visiteur s'arrêtera ému d'admiration en disant : la belle église ! heureux l'abbé d'un monastère qui possède une si belle église !

» Nouveau soupir. L'abbé luttait.

» — L'église fera envie aux autres abbés qui tous voudront la prendre pour modèle ! Le pays sera fier de toi ! ton nom passera à la postérité et sera glorifié dans les âges futurs.

» L'orgueil et la vanité étaient les cordes sensibles du pauvre abbé ; son esprit oublia son âme ; il ne vit que les louanges qui lui arrivaient de toutes parts ; il entendait son nom répété dans toutes les bouches, les cloches sonnant en son honneur, il aspirait par tous les pores le parfum de l'encens qu'il se voyait brûler à ses pieds.

» Vaincu, il se rendit — et accepta.

» A une condition toutefois.

» A la condition que le tout soit construit, la nuit même, avant que le coq chantât.

« Le Diable n'y vit pas d'empêchement.

» Le pacte fut conclu.

» Le Diable sortit alors pour se mettre tout de suite à l'œuvre.

» Pour aller plus vite, il endosse une hotte et le voilà parti, ramassant les pierres des environs qu'il mettait dans sa hotte et qui devaient servir à élever son édifice.

» Ce bon Diable accomplissait scrupuleusement ses conventions et travaillait consciencieusement.

» Pendant ce temps, l'abbé, resté seul, s'était livré à des réflexions bien profondes.

» Il pensa que peut-être tout ne serait pas rose, gloire et parfum; il pensa à son âme, perdue pour toujours, condamnée pour l'éternité aux flammes de l'enfer.

» Les regrets et les remords l'assaillirent de toutes parts.

» Mais comment faire pour arrêter le satanique ouvrier.

» Il allait remplir sa promesse; il fallait bien que l'abbé exécutât la sienne.

» Grande, bien grande était sa désolation.

» Il voulut prier, mais la prière ne sortait pas de ses lèvres.

» Tout-à-coup, il se rappelle.

» Il regarde son costume, bien léger, pour un si grave ministère; vous savez que l'abbé réveillé par le diable n'avait pas eu le temps de s'habiller.

» Il sourit et revêt son costume.

» Puis, il va lui même sonner la cloche.

» Tous les moines se réveillent et se lèvent à la hâte, se demandant ce qu'il peut y avoir.

» En un instant, tout le personnel est rassemblé dans la chapelle du couvent.

» L'abbé ordonne de prendre la croix et

la bannière et d'aller, en procession, trouver le démon.

» Il se munit, lui, d'eau bénite.

» Le Diable travaillait toujours, et sans arrière pensée ; il y mettait beaucoup d'ardeur pour terminer avant le chant du coq.

» Il était presque certain du succès, si rien ne venait le déranger, mais qui pouvait venir le déranger ?

» Personne !

» Il n'était pas malin, ce Diable ; il ne connaissait pas les abbés qui veulent bien recevoir, mais jamais donner.

» C'était un diable bien naïf, qui croyait à la bonne foi des gens, surtout des abbés.

» On lui taillait des croupières à cet esprit... peu malin.

» Voilà que sans penser à mal, comme il mettait ces dernières pierres dans sa hotte pleine, il entendit un chant religieux dans le lointain, quelque chose, comme les litanies.

» *Kyrie, eleïson,* etc.

» Il dresse la tête, et prête une oreille attentive.

» Le chant s'élève et se rapproche.

» Il aperçoit la bannière et la croix ; il voit la file des moines qui chantaient toujours.

» *Ab insidiis diaboli,*
» *Libera nos domine.*

» Il commence à s'inquiéter sérieusement.

» Que veut dire tout ceci ?

» La procession arrivait ; les chants continuaient.

» *Et ne nos inducas in tentationem*
» *Sed libera nos a malo.*

» A cet instant, l'abbé saisissant son goupillon, asperge le Diable qui aussitôt prend peur.

» Et se sauve.

» Alors, on entendit très distinctement le cri du coq.

» Coco corico!

» Les coqs d'une ferme voisine avaient été réveillés par les chants des moines et venaient mêler leurs voix à ce concert.

» Ce fut bien le reste.

» Le Diable aussitôt renverse sa hotte pour courir plus vite.

» Tout son contenu tombe pêle-mêle, éparpillé sur le sol.

» L'abbé n'en entendit plus parler.

» Seulement les roches et les pierres restèrent éparses à l'endroit où le diable déversa sa hotte.

» Et c'est en mémoire de ce fait que ce lieu a conservé le nom de la Hottée du Diable.

» Le sol, jadis fertile, fut maudit, comme la terre où s'élevaient les villes de Sodome et de Gomorrhe.

» Aucune herbe n'y pousse, aucun arbre n'y croît : c'est un lieu désormais désert, silencieux et sauvage.

» Ce n'est pas tout, ce lieu fut hanté.

» Des esprits infernaux venaient, quotidiennement, à l'heure de minuit, exécuter une sarabande diabolique, une ronde sur le sommet maudit.

» Aucun humain n'osait visiter cette demeure de Satan.

» Les farfadets, les sylphes, les gnomes, les fantômes en étaient les hotes habituels.

» Les fées, dit-on, s'y réunissaient aussi.

» On racontait jadis que chaque nuit on voyait sur le haut, un grand feu, autour duquel les fantômes dansaient.

» Malheur aux curieux ou aux passants attardés qui auraient voulu voir de plus près cette antichambre de l'enfer.

» Les temps sont bien changés.

» On peut à présent visiter la Hottée du Diable à minuit, on n'y verra, ni feu, ni diables, ni sylphes, ni fées.

» On n'entendra que le chant des liboux sur les arbres voisins. »

Tout le monde applaudit.

Le narrateur s'assied.

Lui et moi allumons un cigare.

Les dames se lèvent, et chacun se dispose à descendre la pente rapide du monticule.

Après avoir glissé plus d'une fois dans le sable mou, après s'être arrêté autour des roches ventrues et pleines de gibbosités, ou bien creuses et en caverne ; aigues ou planes, sphériques ou moutonneuses, on arrive enfin au pied.

Nous jetons un dernier regard au lieu maudit et comme il est près de quatre heures de l'après-midi, nous dirigeons nos pas vers la ville de Fère-en-Tardenois.

Nous marchons.

La première maison sur la route est une auberge, à l'enseigne du Coq-Hardi.

Les promeneurs ayant soif, on proposa un verre de bierre, — les dames ayant consenti, nous entrâmes.

Bientôt, nous entendîmes le roulement d'une voiture.

C'était la voiture de Château-Thierry qui revenait à Fère.

Nous sortîmes pour demander si nos dames y pouvaient monter ; la voiture était pleine, force fut de continuer sa route avec un pied léger comme le vaillant Achille.

Ah ! bah ! quand on est jeune et gai, quand on est pauvre et fier, on va.

On traverse bois et bruyères, plaines et marais ; on a de l'ombre et du soleil ; on s'essouffle et l'on rit ; on chante et l'on court.

On finit ainsi par arriver en vue de la ville.

Là, on a devant les yeux un assez joli panorama.

Des groupes de maisons aux toits rouges, noirs et bleus s'étalent en forme d'éventail, avec des bordures d'arbres et de verdure.

Au milieu, se dresse, majestueusement et fière, la tour de l'église, surmontée de sa flèche légère et effilée.

— L'église de Fère-en-Tardenois est belle? questionna Antoinette.

— Oui, répondit Victor, elle est du style ogival flamboyant des dernières années du XVe siècle ; cela se reconnaît aux feuilles de vignes courant en guirlandes, aux fenêtres à meneaux en arcades indécises, aux colonnes sans chapiteau, aux portes à arc surbaissé.

— Quel savant vous faites, exclama Ottavia.

— Si nous avions été jusqu'au vieux château de Fère, je vous en aurais dit encore bien davantage.

— Mais il est tard, firent les dames avec inquiétude.

— Soyez tranquille, comprit le narrateur, nous n'irons pas, et je vous dirai seulement que ce château fut construit par Robert II de Dreux. Robert avait hérité la seigneurie de Fère-en Tardenois de son père, mort en 1188. Robert II mourut, lui, en 1219, après avoir été marié deux fois ; il est remarquable par....

— Par quoi ?

— Par la quantité de ses enfants.

— Combien en eut-il donc ?

— Dix-sept.

— Dix-sept enfants ! quelle calamité !

— En voilà une espèce particulière de célébrité !

— Que peu de personnes envieront.

Là-dessus, on arriva sur la vaste place de la ville plantée d'un quinconce de tilleuls.

Et, après s'être donné une vigoureuse poignée de main, on rentra chacun chez soi, pour dîner.

Après quoi, pensant que peut-être le récit de notre excursion pourrait intéresser vos lecteurs, je pris la plume et ne la quittai que pour vous souhaiter le bonsoir — et rêver aux fantastiques apparitions de la *Hottée du Diable*.

Alex. MICHAUX.

Fère-en-Tardenois, 1er juin 1865.

SOISSONS, IMP. ED. LALLART.

SUR LES ERMITAGES
de la Forêt de Villers-Cotterêts.

SAINT-HUBERT, SAINT-ANTOINE, SAINT VULGIS.

I.

La forêt de Villers-Cotterêts, par sa solitude, par l'imposante majesté de ses chênes plusieurs fois séculaires qui, entrecroisant leurs branches élevées, forment une voute gigantesque, par l'exhubérante richesse de sa végétation, par la magnificence de ses sites pittoresques, par le murmure incessant des feuilles s'entrechoquant dans l'espace au souffle léger du vent, par les chants mélodieux des oiseaux, chantres ailés de ces cathédrales de verdure, enfin par toutes ses splendides beautés, merveilles de la création qui seules feraient adorer le créateur, la forêt de Villers-Cotterêts, disons-nous, a toujours été choisie de tout temps, par les esprits religieux, pour leur séjour, pensant se mettre ainsi plus près de la divinité.

Les druides d'abord, choisirent cette forêt comme un temple grandiose, sous les immenses arceaux duquel ils élevèrent leurs monuments rustiques, leurs dolmens et leurs tumulus de grès.

La pierre clouise et le grès de l'Aroch ou de l'aurochien sont des preuves.

Plus tard, à l'origine du christianisme, des fervents adeptes de la doctrine nouvelle, pour consacrer en paix, tous leurs instants à Dieu, choisirent les solitudes des bois, y firent leur demeure et y élevèrent un abri pour eux, un autel pour le créateur.

Ce fut ce que l'on appelle des ermitages.

Les environs de Villers-Cotterêts en étaient parsemés.

Les chapelles de ces pieux solitaires, qui, à l'imitation des pères du désert, passèrent leur vie dans la retraite et dans la contemplation du divin architecte de la nature, sont depuis longtemps détruites ou du moins, ont complètement changé de destination.

Les deux principales, ou celles dont il reste le plus de vestiges, sont celles de St-Hubert et de St-Antoine.

II.

Saint-Hubert, que l'on appelait autrefois l'ermitage St-Hubert, est situé dans la forêt de Retz, à droite du chemin montagneux de rivières, près de la route du Faite, sur un plateau presque au sommet de la colline, il est ombragé par l'une des plus hautes et des plus admirables futaies de la forêt.

Carlier attribue la fondation de cet ermitage à Louis de France, premier duc du Valois, frère du roi Charles VI.

Plus tard, la chapelle étant dégradée, un pieux ermite, le père Jean Roger la rétablit, vers le milieu du XVIIe siècle. (Voy. Carlier, hist. du Valois, III, p. 64.)

D'après cet auteur, on pourrait croire que le père Roger construisit entièrement la chapelle; nous croyons cependant qu'il ne fit que la réparer.

Elle a dû être construite du temps de François Ier ou au plus tard d'Henri II, ainsi que le prouvent les salamandres sculptées que l'on voit au pignon.

Le bâtiment tout entier ne devait pas être affecté à la chapelle; car une portion du terrain est employée par un bassin de pierre servant de réceptacle des conduites d'eau qui sont plus élevées, et de là une ligne de tuyau va porter cette même eau à Villers-Cotterêts. Ce bassin se nomme un regard.

L'ermite se servait de cette eau pour ses besoins et dressait son autel à côté, célébrant les louanges de Dieu et faisant ses prières, au « doux murmure de l'onde. »

Aujourd'hui qu'il n'y a plus d'ermite, ni de chapelle, le bâtiment subsiste toujours.

Il a résisté aux ravages des révolutions et du temps.

Les voutes et les sculptures sont encore debout, à moitié mutilées, c'est vrai, mais très visibles.

Maintenant ce n'est plus l'ermitage St-Hubert, c'est le regard St-Hubert.

Au lieu d'un pèlerinage de piété, c'est un rendez-vous de chasse, un but de promenade.

III.

Un autre ermitage, entièrement délaissé celui-là et dont il ne reste que bien peu de chose; c'est St-Antoine, près Oigny.

Cet ermitage est très ancien.

En 1600, un ermite qui y résidait et dont on a conservé le nom, le père Louis Sals, ayant trouvé la chapelle en ruines, la fit relever à ses frais.

Il y passa le reste de sa vie dans la pénitence.

Un autre ermite, le père Claude lui succéda.

A cette époque, il y avait un pèlerinage célèbre, le 17 janvier, jour de St-Antoine.

Le peuple s'y rendait en foule ce jour-là, et pendant tout l'octave.

Mais au milieu du XVIII° siècle, on avait reconnu, dit Carlier, « que les derniers ermites, « ayant été des gens qui avaient choisi ce genre « de vie, pour le plaisir d'occuper une retraite « agréable, où la curiosité conduisait les voya- « geurs et les habitants des villes voisines, avaient « donné dans des égarements directement oppo- « sés à l'objet de leur institution, peut être même « contraires à leurs premières vues. »

Alors on en prononça l'interdiction « à cause des abus scandaleux qui s'y commettaient. »

St-Antoine, outre la légende du saint que tout le monde connait, possède une petite légende historique que M. Antony Poileux a recueillie il y a environ 20 ans et que publia alors le *Courrier de l'Aisne*, le père du *Journal de Soissons*.

Après la suppression de la chapelle, l'ermitage ne fut pas complètement abandonné pour cela; l'ermite y continua d'occuper la maison, malgré l'interdiction prononcée par l'évêque de Soissons.

En 1793, la maison était encore habitée.

Depuis, il n'y eut plus d'ermite.

Entièrement abandonné, l'ermitage tomba promptement en ruines; et c'est à peine si l'on voit quelques traces de la chapelle aujourd'hui.

Malgré cet abandon, malgré cette ruine, on voit encore dans une niche, une petite statuette de saint ou de sainte (nous ne savons plus trop, mais nous ne croyons pas que ce soit de Saint-Antoine.)

Quelques personnes conservent pour ce lieu une certaine vénération, car un jour, en allant visiter cet endroit, nous trouvâmes une pièce de 50 centimes au pied de la statuette.

C'était sans doute l'offrande d'une fidèle, aumône égarée, que nous respectâmes, mais qui probablement n'est jamais arrivée au but que se proposait le généreux et fervent disciple de St-Antoine.

IV.

Il y avait encore d'autres ermitages dans la forêt, notamment ceux du château-fée, de St-Quentin près Longpont, de St-Vulgis, à Troësnes, etc.

Nous ne parlerons que de St Vulgis.

St-Vulgis, né, selon Muldrac, vers l'an 470 de l'ère chrétienne était un élève de St-Remy qui le baptisa, et l'instruisit.

Après être reçu prêtre, ce saint « appréhen-
« dant de négliger son salut, et désirant s'appli-
« quer avec un plus grand dégagement à la con-
« templation du ciel, résolut de se confiner dans
« une solitude, où loin des embarras du siècle et
« du commerce des hommes, il ne s'occuperait
« que de Dieu. »

Dans ce but, il se mit à la recherche d'un lieu solitaire; il se trouva à l'extrémité de la forêt de Retz sur le penchant d'une colline que baignait les eaux d'une petite rivière, l'Ourcq. Ce lieu, très touffu contenait en abondance une plante « vulnéraire et détersive » appelée Troësne, qui lui a donné son nom.

Vulgis vécut là, pendant 40 ans, connu de Dieu seul, mais complétement inconnu des hommes; lorsque tout à coup un évènement que l'on considéra comme un miracle, vint révéler son existence.

A la suite de grandes pluies, et de la fonte des neiges, la rivière d'Ourcq, ayant grossie, inondait la campagne.

Deux vaches, appartenant à un paysan de Marisy, qui les gardait lui-même, s'étant trop avancées, furent emportées par le courant. Le paysan voyant ses vaches perdues poussa des cris déchirants. Vulgis sortit de sa retraite et s'enquit de la cause de ces cris. Il se jeta ensuite à genoux et adressa au ciel une fervente prière, puis il aida le paysan à chercher ses animaux. Ils étaient déjà disparus et le pauvre homme désespérait de les revoir, lorsque bientôt ils reparurent du côté de Troësne; Vulgis, s'exposant lui-même, parvint à les sauver et à les rendre au paysan.

Cette belle action, publiée aussitôt dans les environs, révéla la retraite du solitaire.

Dès ce moment sa cellule fut visitée de nombreuses personnes qui toutes lui demandèrent sa bénédiction.

En 1789, la dévotion en l'honneur de ce saint subsistait encore.

S'il arrivait une épidémie parmi les animaux de labour, les laboureurs aussitôt partaient en pélerinage, faisaient des neuvaines à St-Vulgis, dans l'espoir d'obtenir la guérison de leurs troupeaux.

L'habitation de St-Vulgis se composait d'une cellule et d'un oratoire où il célébrait les mystères religieux.

L'oratoire était dédié à St-Pierre et St-Vulgis fut enterré dans le parvis de cet oratoire.

On appelle encore ce lieu, le cimetière de St-Pierre.

Son corps reposait dans un cercueil de pierre que l'on montrait encore à Troësne en 1619.

Depuis, on éleva une église sur la tombe de St-Vulgis, et on célébra sa fête, le 1er octobre de chaque année jour anniversaire de sa mort arrivée en 850.

St-Vulgis a eu ses biographes.

Le plus célèbre, ou du moins celui qui nous intéresse le plus, est Pierre Sconin, jadis procureur du roi à la maîtrise de Villers Cotterêts, qui fit paraître une brochure de 29 pages in-8° sous le titre : « Vie de St-Vulgis, prêtre et confesseur, patron de la Ferté Milon. » C'est dans cette brochure, assez rare aujourdhui, que nous avons puisé nos renseignements.

Pierre Sconin était le grand père de Racine, c'est chez lui, à Villers-Cotterêts, que le poète passa les premières années de sa vie; c'est lui qui imprima dans l'âme de son petit-fils ses sentiments de tendresse et de piété qui ne l'abandonnèrent jamais, même au plus fort de la gloire et des succès et qui furent sa consolation suprême dans les derniers jours de son existence.

Alex. MICHAUX.

19 mai 1865

SOISSONS, IMP. ED. LALLART.

www.ingramcontent.com/pod-product-compliance
Lightning Source LLC
Chambersburg PA
CBHW060619050426
42451CB00012B/2339